ALBERT MÉRAT

AU

FIL DE L'EAU

Les Berges — En Bateau — La Forêt
Les Horizons aînés

FAC ET SPERA

PARIS
ALPHONSE LEMERRE, ÉDITEUR
27-31, PASSAGE CHOISEUL, 27-31

M DCCC LXXVII

AU FIL DE L'EAU

ALBERT MÉRAT

AU

FIL DE L'EAU

Les Berges — En Bateau — La Forêt
Les Horizons aimés

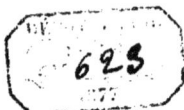

PARIS
ALPHONSE LEMERRE, ÉDITEUR
27-31, PASSAGE CHOISEUL, 27-31

M DCCC LXXVII

©

LES BERGES

LES BERGES

LE MOULIN

A LÉON VALADE

C'EST par eau qu'il faut y venir.
La berge a peine à contenir
Le fouillis d'herbes et de branches,
Ce monde petit et charmant,
La grande roue en mouvement,
Les vannes et leurs ponts de planches.

Un bruit frais d'écluses et d'eau
Monte derrière le rideau
De la ramure ensoleillée.
Quand on approche il est plus clair ;
Le barrage jette dans l'air
Comme une odeur vive et mouillée.

Pour arriver jusqu'à la cour
On passe, chacun à son tour,
Par le moulin plein de farine,
Où la mouture en s'envolant,
Blanche et qui sent le bon pain blanc,
Réjouit l'œil et la narine.

Voici la ferme, entrons un peu.
Dans l'âtre on voit flamber le feu
Sur les hauts chenets de cuisine.
La flamme embaume le sapin ;
La huche de chêne a du pain,
La jatte de lait est voisine.

Oh ! le bon pain et le bon lait !
Juste le repas qu'on voulait ;
On boit, sans nappe sur la table,
Au tic-tac joyeux du moulin,
Parmi les bêtes, dans l'air plein
De l'odeur saine de l'étable.

Lorsque vous passerez par là,
Entrez dans le moulin. Il a
Des horizons pleins de surprises,
Un grand air d'aise et de bonté,
Et contre la chaleur d'été
De la piquette et des cerises.

L'ILE

A ALPHONSE DAUDET

Les îles ont bien froid quand la saison est dure...
Mais, en été, ce sont des vaisseaux de verdure,
Qui, jadis, par le fleuve entraînés lentement,
Se seraient échoués tout près du bord charmant.
Les branches sont leurs mâts, les feuilles sont leurs voiles,
Et ces agrés vivants vibrent sous les étoiles.
Pour saluer l'essaim des nuages légers,
Les oiseaux font les chants joyeux des passagers.
Elles ne craignent pas le vent ni ses querelles,
Car le beau ciel de France est étendu sur elles.

Celle-ci porte haut son faîte verdoyant;
Et le regard charmé s'étonne, en la voyant,

Des larges trous d'azur et des lumières blondes,
Dont se creuse la nuit des verdures profondes.
La ronce sur le bord mûrit son fruit vermeil;
Les grands peupliers droits se dressent au soleil,
Et les buissons, ces nains, sentent sur leurs épaules
Le vert frisson léger et les cheveux des saules.
Abordez! l'herbe embaume et vous verrez les fleurs,
Les papillons dont l'aile a toutes les couleurs
Des beaux matins poudrés de poussière d'aurore.
Allez; que la fraîcheur n'arrête pas encore
Au charme exquis du seuil votre rêve et vos pas.
Est-ce une voix humaine? et n'entendez-vous pas,
—Car nous sommes au mois de la nature heureuse,—
Le rossignol chanter sa chanson amoureuse?
Allez jusqu'au fourré d'épines et de houx;
C'est presque un bois... Le front des hêtres a pour nous
Une ombre familière et propice; le chêne
D'un lien fraternel et vivant nous enchaîne,
Et j'aime la pâleur de femme du bouleau.

Sur la double beauté de la terre et de l'eau,
Le ciel, comme un regard indulgent et limpide,
Laisse tomber la paix qui fait l'heure rapide.

L'AUBERGE DES MARINIERS

A FRANÇOIS COPPÉE

De côté, derrière et devant,
A la pluie, au soleil, au vent,
L'auberge blanche : c'est la scène ;
Juste à l'endroit où la forêt,
Dévalant le coteau, paraît
Venir se jeter dans la Seine.

C'est le jour ! le coq a chanté :
Au bienfaisant matin d'été
S'ouvre à deux battants ma fenêtre.
Je crois voir couler au travers
Le fleuve plein de grands joncs verts,
Frais de l'aube qui vient de naître.

Holà! ce sont les mariniers,
Les plus hâtifs et les derniers,
Au soleil ou sous les étoiles,
Menant l'hiver, menant toujours,
Debout, leurs trains mouillés et lourds,
Sans rames, sans mâts et sans voiles.

Quand l'on voit ainsi l'eau couler,
On peut boire, sans s'attabler,
Un verre ou deux pour tant de peine.
Avant que le jour ait grandi,
On aurait le cœur engourdi,
Malgré le bourgeron de laine.

Donnez-leur un verre de vin.
— A grand labeur salaire vain;
Le destin nous mène à sa guise.
Pour faire leur cerveau vermeil
Qu'un peu de vin et de soleil
Brille sur eux et les conduise!

LA PETITE RIVIÈRE

A SULLY-PRUDHOMME

La petite rivière, bleue
Si peu que le ciel ait d'azur,
D'ici fait encore une lieue,
Puis verse au fleuve son flot pur.

Plus grande, elle serait moins douce;
Elle n'aurait pas la lenteur
Qui dans les herbes mène et pousse
Son cours délicat et chanteur.

Elle n'aurait pas de prairies
Plus vertes si près de la main,

Non plus que ces berges fleuries
Où marque à peine le chemin;

Ni le silence si paisible,
Ni, parmi les plantes des eaux,
L'étroit chenal presque invisible
Entre les joncs et les roseaux.

Et le moulin qui sort des branches
N'aurait pas à bruire ailleurs
Plus d'eau dans ses palettes blanches,
Ni plus de mousses et de fleurs.

La petite rivière est gaie
Ou mélancolique, suivant
Qu'un oiseau chante dans la haie
Ou qu'il pleut et qu'il fait du vent.

Charmante, presque pas connue,
Couleur du soir ou du matin,
Par les prés elle diminue,
Et, s'effaçant dans le lointain,

Derrière le saule incolore
Ou le vert des grands peupliers,
Elle montre une fois encore
Ses caprices inoubliés.

LA CHANSON DU BON GÎTE

A ARMAND SILVESTRE

Je vois de ma chambre d'auberge
Un matinal et gai tableau :
Les pêcheurs passent sur la berge
Et les bateaux passent sur l'eau ;
Le peuplier tremble et s'agite.
— La belle chambre et le bon gîte !

Le lit a des rideaux en fleurs
Et fait briller comme un parterre
Des bouquets aux riches couleurs ;
Après une nuit salutaire,
Je m'en vais ouvrir au soleil.
— O le bon lit, le bon réveil !

Les étoiles, au jour peureuses,
S'en vont toutes du ciel charmant.
C'est la saison des amoureuses.
Celle que j'étonne en l'aimant
Rit de voir la Seine qui brille.
— Le beau matin, la belle fille !

A quelques pas de la maison
Nous déjeûnerons sous les saules,
Les pieds mouillés par le gazon.
Dans les branches, sur nos épaules,
Les abeilles feront leur miel.
— O le bon gîte et le beau ciel !

LE PASSEUR

A ANATOLE FRANCE

Au bord du fleuve, loin des foules,
Entre des chênes et des pins,
Il a quelques fruits et des poules
Près de la cabane à lapins.

Il est, comme parfois nous sommes,
Sans grands besoins et sans grand fiel,
Connaissant dès longtemps les hommes,
Les bêtes, la terre et le ciel.

Hélé des deux rives, il passe
Des dames avec des messieurs;

Il semble ne rien voir. — L'espace
Est d'un azur délicieux.

Son front hâlé montre des rides
Qu'ont faites le soleil et l'air,
Et, philosophe aux bras solides,
Il a le poil rude et l'œil clair.

Il prend le temps comme il arrive,
Il est pêcheur et braconnier.
Quand le soir tombe, sur la rive
Il dort, ou veille le dernier.

Ni famille, ni deuil, ni joie :
Nos soucis lui sont étrangers ;
A son cerveau le ciel envoie
Quelques rêves comme aux bergers.

Il vivra vieux : la Seine est douce...
Pendant que pâles nous songeons,
Il mène sa barque et la pousse,
Et n'a d'obstacle que les joncs.

LES ILES DU BAS-MEUDON

A EUGÈNE MANUEL

Au pied des longs coteaux où sont des bois de chênes,
Sous les yeux des maisons blanches aux volets verts,
Les deux îles alors avaient de frais couverts,
Et tentaient le marcheur, riantes et prochaines.

Et, de fait, on mettait une heure pour venir
Vers la paix et l'abri de leurs rives charmantes ;
Petites, sentant bon les fraises et les menthes,
Les soirs un peu d'amour y pouvait bien tenir.

Puis ce furent la guerre et les rives laissées,
Les grands arbres par terre afin qu'on pût mieux voir,
Les oiseaux envolés qui chantaient jusqu'au soir,
Les asiles meurtris et les ombres blessées.

Maintenant c'est fini de souffrir : les oiseaux
Sont revenus ; Juillet propice les régale.
Le chœur chante à travers la verdure inégale,
Saules, peupliers fins, broussailles et roseaux.

Et l'autre chœur que font les amants recommence,
Car rien ne rompt jamais la chaîne des baisers,
Et l'on sent dans son cœur sur les espoirs brisés
L'amour qui lève encore ainsi qu'une semence ;

Pendant que le bord rit son rire d'autrefois,
Et que des hommes, nus seulement le dimanche,
Sous le ciel indulgent flottent faisant la planche,
Et que le bon soleil se couche dans les bois.

LA FÊTE

C'ÉTAIT la fête au bord de l'eau.
On aurait cru voir un tableau
Où le mât d'un vaisseau rencontre
Un ballon qui monte dans l'air,
Et le train d'un chemin de fer
Au-dessous d'un cadran de montre.

C'était encor plus compliqué :
De la rive qui sert de quai
On voyait, faisant bon ménage,
Des arbres, des chevaux de bois,
Des cors de chasse aux longs abois
Et des canotiers à la nage.

Une débauche de plaisir !
L'esprit hésitait à choisir
Entre un bateau sur la rivière,
L'hercule au biceps effrayant
Ou les pauvres pitres ayant
Un papillon sur le derrière.

O le souffle du mirliton !
Les jeunes filles du canton
Et les cocottes sans patrie !
Quand il fait beau, quand il fait bleu,
Quand on pourrait dormir un peu
Sur la berge verte et fleurie !

Lorsque mourut le couchant d'or
Le vacarme crevait encor
Les murs de planches et de toiles
Piqués de verres de couleurs ;
Mais l'on ne vit pas les pâleurs
Étincelantes des étoiles.

Mignonne, est-ce que j'avais l'air
De trouver que le piston clair
Ne faisait pas bien son office ?
Cela me semblait très-joli...
— Le programme presque rempli,
On tira le feu d'artifice.

La nuit venait, il était tard.
Au fracas du dernier pétard,
Parmi la lumière inégale
Qui fait voir des bords fabuleux,
Des peupliers rouges et bleus,
Au gré des flammes de Bengale,

La lune dans le ciel d'été
Versa lentement sa clarté
Blanche et douce comme une amie...
Ce fut, après le bruit épais,
Un silence fin et la paix
De la belle rive endormie.

LE MARINIER

A PIERRE ELZÉAR

Nous fîmes, au printemps dernier,
Un jour que nous étions à boire,
Connaissance d'un marinier
Qui nous raconta son histoire.

Il dit qu'il menait du charbon,
Depuis dix ans, de la Belgique.
— Pour faire l'œil viril et bon,
Le grand air du fleuve est magique.

L'ombre tombait du frais coteau...
Dans l'orgueil naïf de son âme

Il nous parlait de son bateau,
Il voulait nous montrer sa femme.

L'un était un bateau ponté,
Et l'autre une grosse Flamande,
Tous deux luisants de propreté :
Ce qu'un cœur tranquille demande.

Sur le pont, par le ciel chauffé,
Les yeux contents, l'âme légère,
Nous bûmes d'excellent café
Que nous versa la ménagère.

Le buffet fut ouvert pour nous...
Je voyais la table voisine,
Le grand lit conjugal et doux
Auprès du fourneau de cuisine.

Le soir mourait sur ce tableau.
— Un enfant à mine prospère,
Vif et qui n'a pas peur de l'eau,
Jouait sur les genoux du père...

Et je pensais : Ils sont heureux
Et plus sages que nous ne sommes ;
Le plus pur du ciel est pour eux,
Loin des villes et loin des hommes.

.

AU FRANC PÊCHEUR

A HENRY CROS

Avant que tombe la fraîcheur,
Allons dîner *au Franc pêcheur*,
A Saint-Ouen, en face de l'île.
Les amoureux ne sont pas seuls;
On y mange sous les tilleuls,
Mais beaucoup plus mal qu'à la ville.

Si ce n'est pas très-distingué,
C'est bruyant, variable et gai,
D'un goût aimable et peu sévère.
Les arbres ont des écriteaux;
Et l'on voit passer les bateaux,
Comme on dit, en vidant son verre.

La berge n'a pas de sentiers :
Il y fleurit des canotiers
Dont parfois le geste inquiète,
Quand ils portent leurs avirons.
Leurs chapeaux sont pointus et ronds,
Avec les rebords d'une assiette.

Voici les jeux, voici surtout
La bascule avec son haut bout
D'où l'on découvre un point de vue,
Et qui berce les cœurs épris,
Et fait pousser de petits cris
A la couturière ingénue.

Après le tir aux macarons,
Sous les arbres nous dînerons,
Et nous boirons avec nos reines
Un vin atroce assurément,
Sous les yeux du coteau charmant
Mais redoutable de Suresnes.

Puis nous chanterons au dessert,
Et l'on dira de ce concert :
« C'est quelque noce de banlieue... »
Tandis que dans le soir d'été
Le cognac mettra la gaîté
De sa flamme tremblante et bleue.

LA SEINE

A CAMILLE PELLETAN

LA Seine qui, l'été, riait dans les roseaux,
Sous la pluie a changé la couleur de ses eaux.
Elle s'enfle et jaunit quand s'effeuillent les roses :
Ainsi l'hiver met fin à la douceur des choses.
Les barques ne sont plus légères, loin d'ici,
De voyage à Cythère aux saules de Croissy.
Les lilas sont coupés; nous n'irons plus aux îles!
Blonde gaîté des ciels indulgents, tu t'exiles;
Tu vas vers les midis que rien ne peut ternir,
Et, prompte à nous quitter, tardes à revenir!

La rivière a monté rapide : elle charrie
Avec les herbes d'eau des herbes de prairie.

2

Elle va déborder demain dans les lieux bas.
Le ciel garde le bord qui ne se défend pas !
Le marinier, voyant le flot d'un gris livide,
Amarre ses bateaux : le fleuve paraît vide.
Les *Mouches* cependant, dans ce triste décor,
Font d'Auteuil à Bercy leurs croisières encor.
Personne sur le pont; seul avec la rivière,
Le pilote, en caban, qui gouverne à l'arrière.
Un grand bateau de bains semble, le long du quai,
Un jouet qu'on démonte ou qui s'est détraqué.
Les ormes qui faisaient des bouquets de verdure
Subissent la saison inexorable et dure,
Et, rigides et froids, sur leurs branches de fer
Laissant tomber la rouille, ils frissonnent dans l'air.

LES MIRAGES

Le soleil est couché; la lune
Se lève comme un ostensoir,
Et de la rivière on voit brune
La rive où se pose le soir.

Un moment, la lumière insiste
Aux lignes de chaque contour...
Passage hésitant, vague et triste :
Ce n'est point la nuit, ni le jour.

De l'eau s'élève une buée,
Sur les saules et les roseaux
Également distribuée,
Et l'on n'entend plus les oiseaux.

Comme les choses aperçues
Quand on ferme à demi les yeux,
On reconnaît les formes sues
Parmi le gris silencieux.

Mais des visions nous abusent
(La nuit, la Seine a ses terreurs),
Et les brouillards légers s'amusent
A faire de tout des erreurs.

Parfois le canot paraît fendre
Un lac bordé de petits bois,
Ou le fleuve semble s'étendre
En deux ou trois bras à la fois.

Tout bouquet d'arbres fait presqu'île;
Sous la paix d'un ciel azuré
Le fleuve a beau couler tranquille,
On ne se sent pas rassuré.

On dirait qu'un feu luit tout proche
Sur le bord, qu'un jonc s'est brisé,
Au moment même où l'on s'accroche
Aux ronces du bord opposé.

Sous la lune on croit voir des fées,
Comme près d'un fleuve allemand,

Pâles, de nénuphars coiffées,
Mener leur ronde vaguement;

Ou, dans des fuites saisissables,
Ventres tendus, torses ployés,
Parmi les herbes et les sables
Le roulis glauque des noyés.

Cette lumière de ténèbres
Éclaire de froids rendez-vous;
Ces mirages d'eau sont funèbres,
Et provoquent les rêves fous.

Quand donc, pour chasser la démence
Et les fantômes du sommeil,
Montera dans le ciel immense,
Triomphalement, le soleil?

L'INONDATION

A LÉON CLADEL

LA Seine, la rivière aimable aux bleus détours,
Qui mène avec lenteur la grâce de son cours
Pour plaire et pour mieux rire à nos jolis villages,
A de mornes remous et n'a plus de sillages.
Soulevée et pareille aux grands fleuves méchants,
Elle a couvert au loin sur ses rives les champs.
C'est comme la colère étrange d'une amie :
La petite maison qui s'était endormie
A l'entendre chanter, charmante, tout l'été,
Se réveille surprise, et le flot irrité
Qui monte, la menace et l'entoure, lui semble
Railler d'abord; mais l'arbre encor sans feuilles tremble,

Et le vent qui remue et qui jaunit les eaux
Penche les peupliers ainsi que des roseaux.
L'eau, grosse de la pluie et de l'hiver qui dure,
Leur monte jusqu'aux pieds, puis jusqu'à la ceinture,
Couvre les bords connus des îles, les sentiers
Où l'on allait cueillir les roses d'églantiers,
Puis la berge plus haute où sont les maisonnettes
Qu'habitent le travail et les loisirs honnêtes.
Le ciel bas et depuis tant de jours pluvieux
Met sur l'eau des reflets durs qui blessent les yeux
Ou des lividités miroitantes d'ardoise;
Les jolis affluents : l'Yonne, la Marne, l'Oise,
Ces rivières qui sont le charme et le souci
Du rêveur, ont parfois leurs embûches aussi.
Ces flots gais et charmants, qui sont devenus graves,
Roulent obscurément de confuses épaves;
Leurs vagues tourbillons doivent cacher des morts;
Car si l'on peut dompter la flamme, quels efforts,
Quelle ruse pourraient lasser la fuite immense
Du fleuve qui, la nuit, déchaîne sa démence?
Les ateliers atteints par l'eau ne fument plus.
Le chômage soudain rend les bras superflus,
Apportant la misère au logis qui s'effraie.
Quand baissera le fleuve, au-dessus de la haie
Les jardins seront verts, mais non pas la moisson;
La semence a péri, que gardait la saison,
Corrompue, entraînée, hélas! avec la terre.

Lorsque l'été viendra, tranquille et salutaire,
Notre belle campagne où luiront moins de fleurs,
Faite pour le sourire, aura connu les pleurs.

EN BATEAU

EN BATEAU

LE MATIN

A ERNEST D'HERVILLY

.

L'ÉTÉ, quand l'eau, couleur de ciel,
Baigne les fleurs pleines de miel,
Blanches, roses, rouges et bleues,
Tout près du hêtre et du bouleau,
Laissez aller au fil de l'eau
Votre canot, une ou deux lieues.

Parmi les saules familiers
Voici que les hauts peupliers

Défilent, tenant droit leurs branches.
— Quels gais sorciers que ces bateaux
Menant à rebours les coteaux
Et les petites maisons blanches !

Vers les nénuphars et les joncs
Les flèches d'eau font des plongeons
D'où s'envolent les demoiselles.
Aux bords, la ronce, l'églantier,
L'herbe épaisse plein le sentier,
Des lueurs vagues et des ailes.

Le fleuve est de cristal changeant,
Les ablettes sont en argent...
Les voix n'arrivent qu'éloignées.
L'eau, dans l'éclat du jour vermeil,
Se fronce en des ronds de soleil
Sous les pattes des araignées.

Un immobile mouvement
Déroule ainsi le bord charmant.
Je vois, frôlé du vol des merles,
Sur la pente des verts tapis,
Le soleil changer en rubis
Les gouttes d'eau qui sont des perles.

————

LE SOIR

A ANDRÉ GILL

TOUT près de la ville laissée,
Gais, mais cachant une pensée,
Je connais des coins de tableau,
Des chemins perdus, des asiles,
Et, baigneuses fraîches, des îles
Sortant, comme un rêve, de l'eau.

Les heures du soir sont sereines...
Meudon, Sèvres, Saint-Cloud, Suresnes
Passent : c'est bleu, net et charmant.
Sur des ponts, des locomotives

3

Traînent des voitures plaintives
Qui geignent dans l'éloignement.

Peintes aux murs blancs des auberges,
Les fritures sur les deux berges,
Les chalets couleur d'acajou;
L'allongement nu des fabriques,
La petite maison de briques,
Fine et frêle comme un joujou.

Et sur le ciel sans alouettes,
O merveille! les silhouettes
D'un roseau triste et d'un pêcheur
A la ligne, figure étrange,
Qui tient de la bête et de l'ange
Et sur qui tombe la fraîcheur!

Sous les tonnelles allumées
Des éclats vagues, des fumées...
Ou bien un couple d'amoureux,
Baissant la voix, baissant la tête,
Et sans autre signe de fête
Que l'aspect grave des heureux!

O beau fleuve ami, toute joie
Vient à tes bords, et si l'on noie

En tes ondes quelques douleurs,
C'est triste : ce n'est pas ta faute !
Tes rives pleines d'herbe haute
Ont des sourires et des fleurs.

LA NUIT

A RAOUL GINESTE

C'ÉTAIT sur la Seine, à minuit,
Le soir d'un dimanche de fête :
Et Bougival faisait un bruit
Qui nous cassait un peu la tête.

Deux orchestres, l'un à mi-voix,
L'autre en reprises plus vibrantes,
Jouaient deux danses à la fois
Sur des mesures différentes.

Les jupes blanches frissonnaient
Dans ce décor pourtant agreste,
Et les chevaux de bois tournaient
En musique comme le reste.

Indulgente, pleine de fleurs,
La nuit, sans en être plus fière,
Mêlait les verres de couleurs
Aux étoiles dans la rivière;

Et l'on eût dit, en vérité,
A voir ce spectacle mobile,
Un songe d'une nuit d'été
Chatoyant et rose, à Mabille.

Double fête, double tableau!
Clameur ici, là-bas silence,
Et l'obscure fraîcheur de l'eau
Sous le bateau qui se balance;

Les hauts peupliers sur les bords
Dressant leur tête taciturne,
Et n'écoutant que les accords
De la grande rumeur nocturne!

Quand pâlirent les lampions
Et les lampes, une par une,
Les flots menus que nous coupions
Redevinrent tout blancs de lune,

Et le subit apaisement
Nous laissa voir pur et sans voiles
Le magnifique firmament
Où brillaient toutes les étoiles.

LA FORÊT

LA FORÊT

DESSOUS DE BOIS

A ANDRÉ THEURIET

L'OMBRE bleuâtre et claire au milieu des allées,
Comme un long voile plein de taches étoilées,
Cache à peine la terre et flotte avec douceur ;
Le soleil, en rayant la légère épaisseur,
Forme des réseaux d'or où palpitent mes rêves.
Les frênes, aux bourgeons rouges du sang des sèves,
Frissonnent. Les bouleaux, à leur feuillage blanc
Prenant la brise, en font un murmure tremblant
Que le buisson répète au brin d'herbe qui rampe.
Comme des doigts devant la flamme d'une lampe,
Les rameaux délicats tendus vers le soleil

3.

Laissent filtrer l'éclat du jour tendre et vermeil.
L'air lascif est chargé de poussières errantes.
Les pommiers, bouquets blancs d'étoiles odorantes,
Que le printemps attache à son corsage vert,
A travers l'éclaircie ardente du couvert,
Derrière les troncs fins et les branches mal closes,
Luisent, dans les vergers, auprès des maisons roses.
Calmes, faisant un fond délicat au tableau,
Transparaissent plus loin le ciel, la terre, l'eau :
Car le fleuve déroule au pied des bois tranquilles
Ses anneaux lumineux et longs entre les îles
Et semble, au dernier plan, un mince serpent d'or.
Une vapeur de nacre, où blanchissent encor
Les fleurs peintes d'hier, déjà presque séchées,
Qu'Avril de ses pinceaux riants avait touchées,
Semble continuer la pente du chemin ;
Et, d'une lieue, on croit toucher avec la main,
Modelant l'horizon sur les collines blondes,
Le velours ondoyant des verdures profondes.

LES CHÊNES

A LÉON DIERX

A travers la forêt au souffle immense et doux,
Les chênes, nés des flancs de la terre avant nous,
Aussi hauts que les pins, plus nobles que les hêtres,
Mènent en vétérans la troupe des ancêtres.
Si leur force des ans souffre quelques affronts,
La foudre seule a fait les rides de leurs fronts,
Et, pour les jours troublés de pluie ou de tempête,
Ils ont les mois d'azur et d'été sur leur tête.
L'hiver même sur eux verse quelque douceur.
Ils évoquent la paix, non le rêve obsesseur.
Au-devant du soleil leurs branches élancées
Laissent tomber le rhythme et les fortes pensées,
Et c'est comme un poëme admirable et vivant,

Qui luit dans l'air, ou chante et pleure dans le vent.
Ils ne sont pas jaloux ni malfaisants, mais l'ombre
Qui descend de leur faîte auguste est toujours sombre;
Ce qui n'est que chétif et bas y doit mourir.
Ils ne défendent pas aux ronces de fleurir;
Qu'elles aillent plus loin se mêler aux fougères !
Leurs durs rameaux font peur aux ailes passagères;
Et pourtant on peut voir, comme un rayon léger,
Aux fentes de l'écorce énorme voltiger,
Oublieux de la haie et de la fleur prochaine,
Un papillon charmant, le papillon du chêne.
Sous un regard du ciel, au souffle de l'été,
Cet éclair va baiser cette sérénité :
Tel, malgré l'âpreté des âmes solitaires,
Un sourire flottant sur des lèvres austères.

LA MARE

A GEORGES LAFENESTRE

Pʀès des chênes profonds de la grande forêt,
Au détour du chemin, une mare apparaît.
Sous les lentilles d'eau qui la font toute verte,
Elle est au flanc du sol comme une plaie ouverte.
Ni ronces sur ses bords, ni touffes de roseaux.
Nul rayon ne sourit à l'horreur de ses eaux,
Dont s'ouvre vers le ciel le vague orbite morne.
La tristesse des yeux éteints n'a pas de borne,
Et rien n'est plus poignant que cette eau sans regard.
Un oiseau fourvoyé, volant là par hasard,
Retourne vers l'azur et la forêt énorme.
— On ne voit pas d'où vient la source qui la forme,
Ni par où l'eau s'écoule, ou comment le niveau

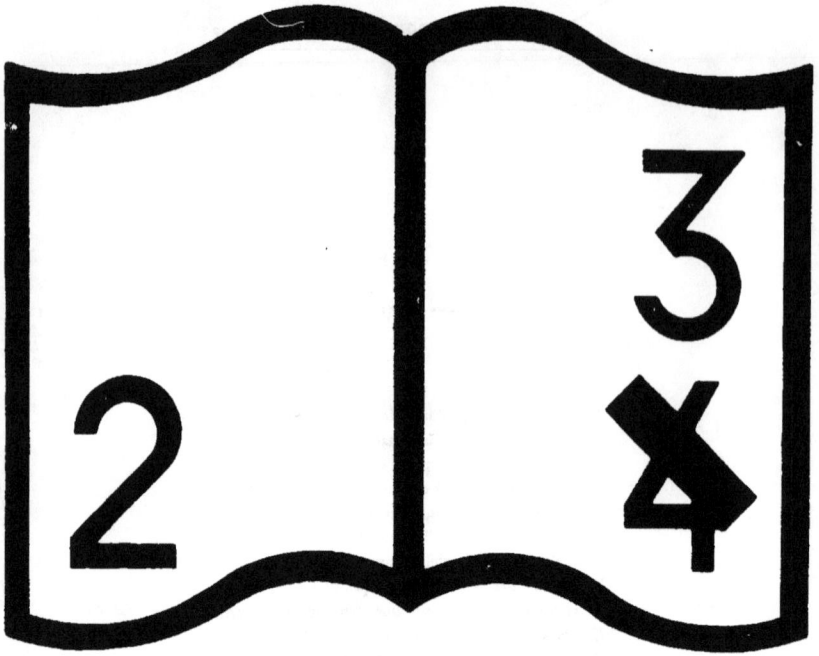

Pagination incorrecte — date incorrecte

NF Z 43-120-12

Reçoit, sans être enflé, chaque orage nouveau.
Cependant à sonder cette eau l'esprit insiste,
Parce qu'elle est profonde et parce qu'elle est triste.
On ne peut contempler toujours les gais tableaux,
Les roses, ni l'argent des feuilles des bouleaux.
La nature, qui sait à toute heure sourire,
Quelquefois à côté du mieux place le pire,
Afin que l'homme pense au milieu des grands bois.
— La mare, où ne peut boire une bête aux abois,
A de l'eau sans clarté, de la fraîcheur sans ombre.
Son sein comme un tombeau béant est toujours sombre,
Et sur l'herbe d'été passe un frisson d'hiver.
Le bois n'a plus d'esprits qui le hantent, ni l'air
Les blanches visions de verveines coiffées.
Le rêve ne va plus à la danse des fées.
Là vit l'amas confus des germes malfaisants :
Et l'on songe à ces vils crimes de paysans,
Aux cadavres sans nom faits par des mains avares,
Et jetés en haillons sanglants dans l'eau des mares.

I

« Prends garde à ce chemin pierreux, prends garde aux roches.
C'est ainsi que, suivant les routes les plus proches,
Je veillais sur ta marche et je guidais tes pas.
Tu riais de l'obstacle et tu ne bronchais pas.
Les bouleaux frissonnants chantaient leur long cantique;
On entendait se taire au loin la terre antique,
Et la grande forêt, vibrant au moindre bruit,
Claire, faisait penser aux choses de la nuit.
Les bruyères en fleur semblaient un manteau rose,
Et les rochers géants où le lézard se pose,
Pareils aux animaux antédiluviens
Épouvantaient très-peu tes yeux parisiens.
On eût dit, à te voir souriante et si fine,
Au milieu du chaos farouche une aubépine.

II

Les grands chênes, vois-tu, sont comme des aïeux.
Bien que leur front soit morne, et bien qu'ils soient très-vieux,
Ils entendent. Il faut respecter leur silence.
Leur tête que la brise incessante balance
Est sévère et fait peur aux tout petits oiseaux;
Mais le soleil nous guette et tend ses blonds réseaux
Dans les feuilles. L'odeur du genévrier sombre
Nous conseille l'ivresse et nous invite à l'ombre.
Assieds-toi; demeurons ensemble à regarder
Les hêtres au tronc fort que rien ne peut rider,
Ou l'insecte qui monte aux crosses des fougères.
Tes paroles auraient des grâces trop légères.
Ne parlons pas; laissons ainsi tomber le jour
Dans ce temple superbe, indulgent pour l'amour.

LA LISIÈRE DE LA FORÊT

Midi, l'été. L'oiseau sans voix,
Un ciel de feu, pas une haleine.
— J'osai préférer aux grands bois
La ligne droite de la plaine.

Nous allions... on eût dit la mer,
Mais une mer propice et bonne,
De qui le sein n'est pas amer
Et qui n'est rude pour personne ;

Calme et belle de la beauté
Des moissons larges et profondes,
La mer blonde des champs, l'été,
Immobile et comme sans ondes.

L'ardent baiser de messidor
Brûlait le sol couvert de rides,
Sans remuer l'océan d'or
Des blés épais, droits et torrides.

Du milieu des champs que suivait
Notre regard tendu sans terme,
Comme une voile se levait
La forme blanche d'une ferme;

Les buissons faisaient les agrès,
Le mât était le tronc d'un hêtre
Qui se profilait à grands traits,
Haut et facile à reconnaître.

Une bonne odeur de pain blanc,
Au lieu de l'âcre odeur marine,
Comme un arome somnolent
Montait caresser la narine.

La côte c'était la forêt,
Qui prolongeait en masses noires,
Sous qui le détail disparaît,
La verdure des promontoires;

Et sous la lumière de feu
Je retrouvais dans mes pensées,
Vers un lointain tranquille et bleu,
Des souvenirs de traversées.

LES HORIZONS AIMÉS

LES HORIZONS AIMÉS

CHANSON POUR LAURE

Bonjour, Avril! bonjour, soleil!
Mon cœur est ivre du réveil.
Les fleurs éclatent dans les branches.
— Les collines sont toutes blanches.

J'ai dit à Laure : « Tu viendras...
Je ne puis faire qu'à ton bras
La promenade des dimanches. »
— Les collines sont toutes blanches.

Nous sommes allés près de l'eau,
Où passent dans un gai tableau

Les barques près des bains en planches.
— Les collines sont toutes blanches.

Elle me dit : « Je reviendrai. »
L'air vif avait un peu marbré
Son bras fin vers le bout des manches.
— Les collines sont toutes blanches.

Elle est partie on ne sait où.
J'en suis encore comme un fou.
Pourtant ses lèvres étaient franches !
— Les collines sont toutes blanches.

LES FLEURS DE POMMIER

A CATULLE MENDÈS

Les champs sont comme des damiers
Teintés partout du blé qui lève.
Avril a mis sur les pommiers
Sa broderie exquise et brève.

Avant que les soleils brutaux
Aient fait jaunir l'herbe et la branche,
C'est la gloire de nos coteaux
D'avoir cette couronne blanche.

Malgré les feuillages légers,
Les jardins sont tout nus encore,
Mais les fleurs couvrent les vergers
Qui rayonnent comme une aurore.

4.

La campagne gaie est vraiment
Belle et divinement coiffée;
Les pommiers ont un air charmant
Avec leur tête ébouriffée.

Une étoile blanche est leur fleur
Qu'Avril peut brûler d'une haleine.
Le Chinois en peint la pâleur
Sur les tasses de porcelaine.

Elle n'a pas d'odeur; elle est
Délicate, charnue et grasse;
Blanche et mate comme le lait,
Aussi légère que la grâce.

Elle semble s'enorgueillir
Du fragile trésor du germe.
Il faut la voir sans la cueillir
A cause du fruit qu'elle enferme.

Cependant, sur le front aimé
Qui s'éclaire de l'embellie,
Pas une seule fleur de mai
N'est, à vrai dire, aussi jolie.

J'ai là, tout au fond de mon cœur,
Un souvenir de matinée :
Des fleurs prises d'un doigt moqueur...
Mais je ne sais plus quelle année !

PAYSAGE D'AVRIL

A JOSE MARIA DE HÉRÉDIA

Avril rend au ciel froid le regard du soleil.
L'air, comme un vin nouveau, vous invite et vous grise;
La colline frissonne et s'éveille surprise
De voir ses flancs vêtus d'un velours sans pareil.

Les fleurs brodent d'argent la dentelle des branches,
Et les pommiers épris de la jeune clarté,
Comme blanchit le champ profond des nuits d'été,
Font un sillon lacté de leurs étoiles blanches.

Le pinson remercie Avril d'une chanson :
Il dit que c'est fini d'avoir faim et froidure,
Qu'il n'est plus dans la peine, et qu'au fond cela dure
Le temps qu'avril remette une robe au buisson.

Le jour s'éteint moins vite, et la brise plus saine
Baise au front les jardins dont la molle épaisseur
Rougit, blanchit, s'égaie : une vague douceur
Court le long du coteau qui penche vers la Seine.

La petite maison ouvre ses volets verts;
Elle rit à mi-côte : et, plus bas, sur la berge,
Se coiffant de fumée aux fins rubans, l'auberge
Comme une fille met son bonnet de travers.

LES SENTIERS

A ANDRÉ LEMOYNE

Les sentiers sont d'humbles chemins,
D'une ligne mal accusée,
Où les amants, joignant leurs mains,
Se parlent bas, dans la rosée.

Les sentiers des prés, découverts
Et n'ayant pas l'abri des branches,
Sont les plus frais et les plus verts,
Malgré leurs marguerites blanches.

Ceux des bois n'ont pas de bleuets ;
Et la montée est parfois dure

Sous les chênes hauts et muets,
Mais ils embaument la verdure.

Ceux qui suivent le bord de l'eau,
Toujours mouillés, pleins d'odeurs vives,
Déroulent aux yeux le tableau
Du fleuve charmant et des rives.

Dans une gamme de couleurs
Différente, chacun m'agrée;
Et parmi les petites fleurs
Ils ont chacun leur préférée.

Aux prés le bleuet bleuira,
La véronique sous les chênes;
L'odeur des menthes vous dira
Que les rivières sont prochaines.

Sentiers des prés, sentiers charmants,
Sentiers des forêts et des berges,
Obstacle et peine par moments,
O frêles routes presque vierges!

Où menez-vous? On ne sait pas,
Routes frêles à peine ouvertes!...
Aussi loin que s'en vont les pas,
Vers l'infini des branches vertes.

LES COLLINES

A PAUL ARÈNE

QUAND je monte vers la barrière,
En laissant la ville en arrière;
Quand la rue est près de finir,
Un mirage, un décor, un rêve,
Au bout de mon chemin se lève :
Voyez les collines bleuir!

Je vous connais : vous êtes Sèvres;
Vous avez des noms doux aux lèvres
Et des sourires tentateurs.
Vous êtes Meudon, vous, Asnières,
Et vous faites bien des manières
Pour de si petites hauteurs.

C'est que vous êtes les collines
Chères, profondes et câlines,
Honneur charmant de notre été,
Et que vous êtes très-jolies
Dans vos fines mélancolies
Et vos caprices de gaieté.

C'est, lorsque Mai verdit les branches,
Que vous nous donnez, les dimanches,
A pleins rayons votre soleil,
L'ombre qui tombe de vos chênes,
Et, tout près des sources prochaines,
Une heure d'aise et de sommeil.

Vos clairières et vos futaies,
Les ronces mêmes de vos haies,
Tous vos sentiers, je les connais;
Car rien de vous ne m'est farouche,
Et j'ai baisé plus d'une bouche
Dans les fleurs d'or de vos genêts.

Blondes collines apparues
Vers la banlieue, en haut des rues,
Clamart ou bien Montmorency,
Votre grâce est partout la même;
Mais entre toutes je vous aime,
O montagnes en raccourci!

RÉVEIL

Avril revient. Salut à son jeune réveil!
Les paupières du ciel se rouvrent, longtemps closes,
Et les fleurs de pêcher, comme des lèvres roses,
Se tendent au baiser de flamme du soleil.

La colline s'émeut du renouveau vermeil
Et, douce, elle sourit de la douceur des choses,
Voyant avec le froid fuir les brouillards moroses
Et les bois composer un bouquet sans pareil.

En avril, la colline est une jeune fille :
Un léger vêtement d'émeraude l'habille,
Le plus fin qu'elle puisse avoir, et le premier.

Pour chevelure elle a le vert frisson des branches,
Pour souffle le parfum des aubépines blanches
Et porte à son corsage une fleur de pommier.

LES TRAINS DU DIMANCHE

Le dimanche banal est cher
Aux Parisiens privés d'air.
Ils se bousculent dans les gares,
Épanouis visiblement
Et possédant ce don charmant
De se plaire dans les bagarres.

Ils sont libres pour tout un jour!
« Deux places, aller et retour,
Pour Ville-d'Avray, pour Nanterre!... »
Les portes roulent sur leurs gonds;
On cherche en vain dans les wagons
Un compartiment solitaire.

Le long des petits escaliers
Qui leur sont pourtant familiers,
Les dames montrent leurs bottines,
Comme il arrive sur les ponts,
Et tapotent sur leurs jupons,
Impatientes et mutines.

Des visages laids mais heureux,
Des cocottes, des amoureux,
Des gens qui sont dans le commerce
Et vont dîner sur le gazon,
Bravant le feu de l'horizon
Ou la menace d'une averse.

Devant les bourgeois solennels
On s'embrasse sous les tunnels;
On sonne du cor, ou l'on chante
Dans une vapeur de tabac
Des ritournelles d'Offenbach
Ou quelque musique approchante.

Et la cohue en revenant!
Tapageuse, moite, tenant
A peine dans la salle en planches,
L'air satisfait mais éreinté,
Fleurs à la main, habit quitté,
Chapeaux de paille, robes blanches.

5*

Jeunesse, printemps envolés,
Beaux dimanches bariolés,
Départs joyeux, routes heureuses
Dans les lilas ou les roseaux,
Ciel d'Asnières dont les oiseaux
Sont nos petites amoureuses;

Grâce facile de l'entrain,
Cris sauvages du dernier train,
Retours sur les impériales,
Demeurez dans le souvenir,
Comme un air bon à retenir
Malgré des notes triviales!

LES AUBÉPINES

A ANTONY VALABRÈGUE

AIMEZ-VOUS la pâleur des arbustes de France?
— Les lauriers étagés aux coteaux de Florence,
Les myrtes, l'aloès au calice de feu,
Ne font pas oublier la fleur qui dure peu,
L'aubépine pareille à des nappes brodées
Dont au premier ciel bleu nos routes sont bordées.
Il semble que ce soit de la neige; on dirait,
Dans l'air déjà plus tiède où le printemps paraît,
Des étoiles d'argent que le regard demande
Ou des lèvres soufflant une haleine d'amande.

Un soir, dans le chemin qui passe par les bois,
J'aspirais ce parfum cher et léger. Des voix,

Des souffles me versaient une extase oubliée.
La jeune terre était comme une mariée
Portant à sa ceinture un gros bouquet de fleurs,
Et la lune mettait sur son front des pâleurs.
L'âme des forêts pense et n'est pas taciturne ;
Les rossignols riaient de la terreur nocturne
Et, défendus par l'ombre et se gardant du jour,
Envoyaient aux échos de longs trilles d'amour.

UN CLAIR DE LUNE

A CHARLES SIMON

Les ciels de France sont charmants
Et bleus comme des yeux de femme,
Propices, tendres et cléments :
Ni trop d'azur, ni trop de flamme.

Le clair de lune ne vaut pas
Le jour quand le soleil se lève;
L'un parle haut et l'autre bas;
L'un dit : action; l'autre : rêve.

Cependant les doux soirs d'été,
Dans leur forme plus incertaine,
Ont des finesses de beauté
Comme une musique lointaine;

Et si vous êtes en bateau,
Suivant le fleuve, près des îles,
Vous verrez le prochain coteau,
Dont vos yeux savent les asiles.

Fuir dans la nacre des vapeurs ;
Vous percerez les ombres claires,
Les reflets pâles et trompeurs
Des fantômes crépusculaires ;

Saint-Cloud semblera s'allonger
Sur sa belle rive amoureuse,
Au concert pur, vague et léger
Que donne la saison heureuse.

LES LILAS

A MAURICE BOUCHOR

MIGNONNE, voici les lilas.
Le ciel n'a pas encore, hélas !
L'essor de toute sa lumière.
Mais il verse un charme subtil :
Allons cueillir la fleur d'avril,
La plus jolie et la première.

A peine plus hauts que le mur,
Gais et curieux de l'azur,
Vois les lilas lever la tête.
Éclos d'un souffle, durant peu,
Ils offrent au ciel déjà bleu
Leurs corolles comme une fête.

Tu te hausseras pour mieux voir ;
Tu diras : « Je veux en avoir. »
Tes petits doigts cherchant querelle
A la branche qui ne vient pas,
Ce seront d'épiques combats
A la pointe de ton ombrelle.

A tous versant leurs frais parfums,
Les lilas sont aussi communs
Que le sont les plus douces choses.
Chaque sentier nous en fait don,
Et les collines de Meudon
En sont, quinze jours, toutes roses.

Pour le bonheur des citadins
Ils embellissent les jardins
De leurs grappes droites et gaies.
Avant la fleur de l'églantier
Brodant la marge du sentier,
Les lilas montent dans les haies.

Dimanche soir nous reviendrons
Par le chemin des liserons
Où la lune à terre étincelle,
Rapportant comme les bourgeois
De gros bouquets de fleurs des bois,
Pendus au bout d'une ficelle.

Les lilas viennent de s'ouvrir,
Pour vivre à peine et défleurir
Jusqu'à ce qu'un avril renaisse.
Au parfum des lilas je veux
Mêler l'odeur de tes cheveux
Et la douceur de ta jeunesse.

CHANSON

Mon cœur est un sentier, pareil
Aux sentiers frais parmi les branches,
Rayé par l'ombre et le soleil
Et plein d'ailes vertes ou blanches.

Avec de délicats frissons
Bien des femmes y sont passées,
Fermant l'oreille à mes chansons,
Cueillant la fleur de mes pensées.

Les plus blanches ayant vraiment
L'âme végétale des plantes,
S'arrêtaient à voir un moment
Et puis passaient, belles et lentes.

Quelques-unes ne pensant pas
Qu'une autre route fût meilleure,
Suspendaient, rêveuses, leurs pas,
Et n'avaient plus souci de l'heure.

Ces rayons roses ont tourné...
Ainsi le gai matin s'envole,
Le sentier est abandonné
Et s'efface sous l'herbe folle.

LES ÉTANGS

À JULES BRETON

Ainsi qu'un beau regard sied à de frais visages,
Les étangs sont les yeux de nos blonds paysages.
Ce qui fait leur couleur diverse, c'est le ciel;
Dans la verte saison où la ronce a du miel,
Devant cette eau si calme au creux du val laissée,
On arrête à la fois sa marche et sa pensée.
Leurs franges de roseaux ressemblent à des cils.
Quand se sont-ils ouverts? quand se fermeront-ils?
Qu'ils luisent! Que la main du paysan avide
Ne sème pas le blé dans leur orbite vide!

Il en est, à deux pas, de si clairs, de si doux
Qu'Horace pour Tibur en eût été jaloux.
L'un est presque ignoré, mais l'autre a sur ses rives

Un joyeux cabaret sonore de convives.
Tous ont le bois charmant pour cadre, avec les fleurs.
Les bouleaux reflétés y plongent leurs pâleurs,
Et le ciel, à l'envers au fond de l'eau, se raie
Des grands joncs et des brins rouges de l'oseraie.
Le soleil, d'un pinceau magique, met du fard
Aux roses sans éclat du pâle nénuphar.
La menthe au goût poivré dans les bruyères fauves
Rit à la violette indécise des mauves ;
Aux points plus froids, où l'œil devine le frisson
Des sources, se répand et flotte le cresson.
Au frais des hauts genêts les mousses sont blotties ;
Pour défense elles ont l'aiguille des orties,
Et saponaires, thyms, lavandes, bouillons-blancs,
Mêlent, bouquet léger, leurs calices tremblants.

Sur l'étang immobile ou que ride la brise
La poule d'eau peureuse et la sarcelle grise
Frôlent d'un pied palmé les anguilles d'argent.
Le martin-pêcheur vert luit et file en plongeant.
A cette eau sans courant, dont l'air plisse la moire,
Les merles, comme au long des ruisseaux, viennent boire.
Près d'un papillon ivre et de lumière épris
La libellule vibre aux flammes des iris.
L'eau se fronce au patin des grandes araignées ;
L'obscur fourmillement des bêtes dédaignées,
Des larves et des vers dont les autres ont faim,

Agite le secret du sable jaune et fin,
Et des joncs, où la vase a déposé ses rouilles,
Un bond part, et l'étang cliquette de grenouilles.

Le bleu regard de l'eau m'a charmé tout le jour.
Quand le soir indécis vient du ciel à son tour,
Tout s'efface; les voix se taisent une à une,
Et, bien que l'étang brille encore au clair de lune,
La couleur disparaît dans l'ombre avec le bruit :
La vie expire ou dort aux lèvres de la nuit.

SIESTE

A ALPHONSE HIRSCH

Au soleil, à midi, l'été,
Je me coucherai dans la plaine,
Tendant mon âme à la beauté
Afin qu'elle en soit toute pleine.

La terre a, quand vient la moisson,
La chevelure d'une blonde ;
J'en veux sentir dans un frisson
La caresse molle et profonde.

Elle se coiffe de bleuets ;
Un peu de brise qui les touche

Semble, à courber leurs brins fluets,
L'haleine pure d'une bouche.

Les yeux vaguement assoupis,
A mon rêve me sentant vivre,
Parmi les ondes des épis
Je me roulerai pour être ivre.

Tous les grillons feront un chœur
Qui monte, tombe et recommence.
Une flamme jusqu'à mon cœur
Jaillira de la vie immense,

Et je boirai l'azur léger
Comme un lézard parmi les pierres,
Écoutant les épis bouger
Et levant au ciel mes paupières.

FAUX DÉPART

Ma mignonne, ô mon cher souci !
Allons-nous-en bien loin d'ici,
Bien plus loin que l'île d'Asnières,
Où, dédaigneuses de s'asseoir
Dans l'herbe, pour rêver, le soir,
Les cocottes font des manières.

Ton caprice vaut des raisons :
Il fait luire les horizons
A la distance de cent lieues.
Viens dans la bonne odeur des pins;
Ils sont toujours verts, ils sont peints
Sur les grandes montagnes bleues,

Nous n'irons pas où chacun va ;
Tout ce que ton désir rêva
C'est la pente proche ou lointaine,
Où, sur le vieux banc d'un chalet,
On a des fraises et du lait
Avec le glacier pour fontaine.

Et puis, claires de toutes parts,
Les cloches des troupeaux épars,
Le tonnerre des avalanches ;
Les bonnes vaches qui font peur,
L'aube de nacre, ou la vapeur
Nocturne au front des neiges blanches.

Nous reviendrons pourtant, vois-tu ;
L'Oberland a cette vertu
De faire regretter les roses ;
Et nous aimons pour nos amours
Les longs hivers et les retours
Des avrils frêles et moroses.

BOUGIVAL

I

Bougival, cirque de coteaux
Où pose un léger ciel de France,
Avec ton fleuve, tes bateaux,
Et le bain froid en espérance,

Que le jour soit gai, qu'il soit gris,
Je t'aime, frais ou plein de flammes,
Car la campagne de Paris,
Frêle et fine comme ses femmes,

A, selon l'heure et la saison,
Des parures de fantaisie,
Où chaque chose a sa raison
D'avoir été mise et choisie :

Tel un sein à peine couvert
Sous des frissons de mousselines;
Telle, en son cadre jaune et vert,
La grâce exquise des collines.

Je t'ai découvert un matin;
Il faisait bleu, limpide et rose;
L'air était clair jusqu'au lointain;
C'était la paix sur toute chose;

C'étaient des vols de papillons,
Les fleurs des mûres toutes blanches,
Des coups d'ailes dans des rayons,
L'odeur de l'eau mêlée aux branches...

Cette grande île de Croissy
Est belle parmi les plus belles :
Les amoureux viennent ici
Éparpiller leurs ribambelles.

Le dôme propice et charmant
Des grandes verdures profondes

Verse son ombre sagement
Sur les brunes et sur les blondes.

O les coteaux couleur d'été,
Les parfums vagues de fritures,
Le ciel qui rit avec bonté,
Et les petites créatures !

II

Je voudrais passer un été
A Bougival à voir la Seine.
C'est un coin de terre enchanté,
Non sans un peu de mise en scène.

Pour être libre jusqu'au bout
Je me logerais à l'auberge;
Et je ne ferais rien du tout
Que me promener sur la berge.

Je me réveillerais matin,
Presque en même temps que les poules,

Laissant s'agiter au lointain
Les Grenouillères et les foules.

J'irais du côté de Marly
Qui vit des splendeurs anciennes;
Rien au monde n'est plus joli
Que les coteaux de Louveciennes;

Ou bien dans l'île de Croissy,
Parmi les roseaux et les branches,
Car elle est adorable aussi,
Sauf l'invasion des dimanches.

Ce serait la saison d'aimer :
J'aimerais le soleil superbe,
Et je ne pourrais pas former
D'autre vœu que d'être dans l'herbe.

Tranquille et sage, point jaloux
D'une occupation plus digne,
J'aurais un cœur naïf et doux,
Un cœur de pêcheur à la ligne.

Sous un hêtre ou sous un bouleau,
Au bois ou près de la rivière,
Je verrais la fuite de l'eau
Ou la fuite de la lumière;

Et je reviendrais à Paris
Libre d'esprit, brun de visage,
Pour voir bleu quand il ferait gris,
En évoquant ce paysage.

LA TERRASSE DE SAINT-GERMAIN

A THÉODORE MAURER

PARCE qu'un plan, bleu, vert et noir,
Étale, mais ne fait pas voir
La campagne maigre ou touffue,
Les arbres, les champs, les maisons,
Je n'aime pas les horizons
Qu'on appelle des points de vue.

Pourtant, par un tranquille azur
D'arrière-saison, pâle et pur,
Sous un léger ciel de Septembre,
Où le soleil, brillant tout bas,
Tiède, conseille quelques pas
Aux malades, hors de la chambre;

6

Le dimanche, parmi les rangs
De chaises, les groupes errants,
Dans la foule vive ou dormante,
La terrasse de Saint-Germain,
Où le vent fraîchira demain,
Est mouvementée et charmante.

Au pied des bois et des coteaux,
La Seine, presque sans bateaux,
Des sentiers creux que l'eau ravine,
Le cône du Mont-Valérien,
Paris, dont on n'aperçoit rien
Que Montmartre, mais qu'on devine.

Quand les horizons sont Paris,
Ils peuvent être froids et gris,
On sent au loin une âme immense ;
Et si l'on voit la ville un peu,
Le soir, une aurore de feu
S'allume, quand la nuit commence.

Malgré le canon allemand,
Aucun malheur n'a pu vraiment
Entamer la cité profonde.
Qu'importe le hasard vainqueur ?
C'est toujours au feu de son cœur
Que se réchauffera le monde !

LA FERME D'ÉPINAY

Au bord de la Seine, à deux pas
Des noirs logis qui sont les nôtres,
La ferme d'Épinay n'est pas
Une ferme comme les autres.
Si l'on trouve étroit son verger,
Elle a, voisine de la berge,
Pour nous verser son vin léger,
Des servantes, comme une auberge.

Émergeant des feuillages clairs
Qui se reflètent dans l'eau bleue,
Elle est charmante, elle a des airs
De paysanne de banlieue.
On irait loin, s'il le fallait,

Faire de moindres découvertes.
A quatre heures on boit du lait
Qui mousse, sur les tables vertes.

Sous le soleil hospitalier
Le bruit des canards et des poules
Est un bruit simple et familier
Et qui vaut bien celui des foules.
Les tonnelles ont de l'esprit,
Les lilas ne sont pas sévères ;
C'est le printemps, un baiser rit,
Et l'on entend tinter les verres.

Un banc de bois mieux qu'un fauteuil
Convie aux belles faims rustiques,
Et la piquette d'Argenteuil
Est bonne, sans vertus antiques.
O le loisir rose et vermeil !
L'âme indulgente à la matière,
Une friture, le soleil
Et la fraîcheur de la rivière !

Un jour j'ai suivi ce chemin
Sans en chercher la fantaisie.
Ainsi l'on trouve sous sa main
La chose qu'on aurait choisie.

Pour guide avais-je la chanson
Que chante Paris le dimanche,
L'odeur de l'herbe et du buisson
Ou l'étreinte de sa main blanche?

6.

PETIT LOGIS

A EMMANUEL DES ESSARTS

A mi-côte, appuyée au Mont-Valérien,
La petite maison très-simple, où l'on est bien,
Ouvre comme des yeux ses fenêtres tranquilles
Vers la Seine et la plus inquiète des villes
Qui, changeante suivant le temps ou la saison,
Illumine, bleuâtre ou blanche, l'horizon.
Entre tant de villas de tournure plus riche,
Ce domaine d'un sage avec des coins en friche,
Ses touffes d'ébéniers, ses lilas en bouquets,
Ses deux chèvres tournant autour de leurs piquets,
Sa grande allée unique et mal entretenue
Où la seule amitié souriante est venue,
Son aspect paysan et nullement bourgeois,
Son air calme et rêveur et tourné vers les bois,

Sa bonhomie enfin aimable et sans contrainte
Me plaît. C'est qu'un artiste a mis là son empreinte :
Un grand tigre sculpté donnant à ses petits
Un oiseau, proie égale à leurs forts appétits.
Dans l'entourage étroit des buissons et de l'herbe
Le regard voit soudain surgir l'élan superbe
De ce groupe, et l'horreur des vieux plâtres connus,
La blancheur anémique et fade des Vénus
Cachant leur nudité d'un geste ridicule
Sous un mince jet d'eau qui pleure au crépuscule,
Disparaît. Est-ce là le logis du sculpteur ?
Je ne sais; mais ce mot tracé sur la hauteur
Dans un langage clair veut dire : poésie;
Et les voisins, les gros chalets sans fantaisie
Regardent, justement choqués de ce blason,
Le colosse gardant la petite maison.

OISEAUX D'AUTOMNE

À JEAN AICARD

Les pauvres bêtes du bon Dieu
N'ont pas de grain, n'ont pas de feu.
Il fait du vent et de la pluie.
Elles ont froid, elles ont faim ;
Duvet frileux, plumage fin,
C'est la brise qui les essuie.

Au Luxembourg, cela va bien :
Les moineaux ne manquent de rien,
Leur effronterie exagère ;
Mais dans les bois, sous le buisson,
Ni mouche, ni colimaçon :
C'est la débâcle et la misère.

Les petits oiseaux sont tout nus...
Les jours ne sont pas revenus
Qui font la plaine jaune et bleue.
A travers le matin brouillé,
Pour un épi vide et mouillé,
Il faut faire plus d'une lieue.

Pourtant, malgré bien du péril,
Les petits oiseaux, en avril,
Reverront leurs beaux pommiers roses.
O la lumière plein les nids !
La nature aux rayons bénis
Aime les bêtes et les choses.

LE VOYAGE

A ÉMILE BLÉMONT

Souvent dans un rêve vermeil,
Né d'un souvenir ou d'un livre,
Je pense aux pays du soleil
Où ce serait si bon de vivre.

Notre ciel est léger et pur,
Mais sa grâce est d'un rien pâlie ;
Un souffle en altère l'azur :
Je me rappelle l'Italie.

C'est là que luit vraiment l'été,
Là que la lumière éternise

Et divinise la beauté.
O marbres roses, ô Venise !

Je pars... La suite des murs gris
Hors de la ville m'accompagne
Et prolonge encore Paris.
Voici la Seine, la campagne,

Les bordures de peupliers,
Les robes blanches sur les berges,
La flotte des petits voiliers
Qui se ravitaille aux auberges ;

Les canotiers au bras vainqueur,
Les tonnelles ensoleillées,
Où j'ai grisé souvent mon cœur,
Les herbes hautes et mouillées ;

La brise, d'un souffle charmant
Gonflant les jupes et les voiles,
Et, vers le soir confusément
Les lampions et les étoiles !

Pourquoi m'en irais-je plus loin
Que ne vont les collines bleues ?
Mon horizon n'a pas besoin
D'enfermer plus d'une ou deux lieues

O bois de Viroflay, pardon!
Pardon sentiers frais, mousses vertes!
Les voyages au Bas-Meudon
Sont pleins d'exquises découvertes.

Au pays bleu des beaux fruits d'or
Si j'ai fait mes chansons dernières,
Le ciel le plus doux est encor
Celui qui brille sur Asnières!

TABLE

LES BERGES

EN BATEAU

LA FORÈT

LES HORIZONS AIMÉS

TABLE.   III

IMPRIMÉ PAR A. QUANTIN

(ANCIENNE MAISON J. CLAYE)

POUR

ALPHONSE LEMERRE, EDITEUR

A PARIS

www.ingramcontent.com/pod-product-compliance
Lightning Source LLC
Chambersburg PA
CBHW052123090426
42741CB00009B/1934